QUELQUES MOTS

SUR

LA PROTECTION ET LE LIBÉRALISME

EXERCÉS

PAR M. CANNING

ENVERS LE PORTUGAL;

PAR UN PORTUGAIS.

PARIS,

IMPRIMERIE ANTHELME BOUCHER,

RUE DES BONS-ENFANS, N°. 34.

1823.

AVERTISSEMENT

DE L'ÉDITEUR.

Cᴇᴛ écrit, profondément pensé et très substantiel, était destiné à l'impression avant l'ouverture de la campagne des Français dans la péninsule, et avant même la dernière révolution du Portugal; on sait qu'elle a été dirigée contre les violens et insensés démagogues qui à Lisbonne avaient usurpé le pouvoir souverain. Des circonstances particulières ont tenu l'auteur en suspens; enfin il s'est décidé à faire imprimer son opuscule, et il destine le petit nombre d'exemplaires qu'il en a fait tirer, soit à ses amis, soit à des personnes qui, par leur position sociale, peuvent recueillir quelques fruits d'une pareille lecture. Quant au style, c'est celui d'une plume étrangère; mais l'éditeur, dans ses corrections, a eu soin d'être sobre; il n'a point touché au fonds des idées; il a même laissé subsister cette couleur locale, ce tour original qui décèlent un Portugais très instruit, et qui n'est pas étranger au génie de notre langue.

QUELQUES MOTS

SUR

LA PROTECTION ET LE LIBÉRALISME

EXERCÉS

PAR M. CANNING

ENVERS LE PORTUGAL.

DEPUIS plus d'un demi-siècle la politique anglaise est à-peu-près uniforme et toujours d'accord avec les intérêts matériels de la Grande-Bretagne. Sa situation détachée du Continent de l'Europe, ses forces navales immenses, la diversité des intérêts et le défaut d'unité politique des gouvernemens du Continent qui n'ont point de marine à lui opposer, ont fait concevoir à l'Angleterre le projet, sinon de s'emparer des possessions d'outre-mer des états européens, au moins d'exploiter toutes les branches de leur commerce et de leur industrie.

Le parti des Whigs ou de l'opposition, également d'accord sur les intérêts de son pays, partage ce système, avec la différence que, voulant être populaire et contrarier les Torys, maîtres du gouvernement, il veut revenir sans cesse aux principes de la révolution de 1688. Dans les grands débats du parlement sur les événemens de la révolution française, on a vu M. Fox, s'opposant à M. Pitt, dire que de toutes les manières les colonies françaises tomberaient dans les mains de la Grande-Bretagne, sans qu'il fût nécessaire de faire la guerre à la France. M. Pitt, dont la politique était de diviser pour dominer, voulait s'emparer des colonies et de la marine française à main armée, et de plus semer la division en France, ébranler son gouvernement et étouffer les principes de la souveraineté du peuple, c'est-à-dire garantir l'ascendant de l'aristocratie anglaise.

Chacun de ces hommes d'état était d'accord avec ses principes. M. Fox voulait l'intérêt de l'Angleterre, mais voulait aussi respecter dans la nation française la garantie de la liberté anglaise. M. Pitt, en travaillant à l'agrandissement de la Grande-Bretagne, voulait humilier la démocratie, en bannissant de l'Europe tous les principes qui ébranlent à-la-fois tous les gouvernemens, et qui attaquant l'inviolabilité de tous les souverains, menacent de s'étendre aussi à la Grande-Bretagne.

M. Canning, qui se fait proclamer l'élève choisi de M. Pitt, affecte de paraître à-la-fois tory et whig. C'est particulièrement pour faire remarquer les inconséquences de ce publiciste homme d'État que je prends la plume. Comment M. Canning, qui dit avoir voyagé en France, n'a-t-il pas vu ce que tout le monde voit, un parti très fort en faveur de l'ombre de Buonaparte, et de tout ce qui, directement ou indirectement, tient au système d'usurpation ? N'a-t-il pas lu les journaux où se trouvent consignées les preuves d'une infinité de complots militaires, dont les chefs sont d'intelligence avec les cortès d'Espagne ? Les coupables échappés à la justice n'ont-ils pas trouvé un asile dans la péninsule, d'où ils insultaient et menaçaient les Bourbons et leur dynastie ? Comment M. Canning a-t-il osé dire, à la face de la nation anglaise et de l'Europe, qu'il ne voyait aucun motif, de la part du gouvernement français, d'intervenir dans les affaires d'Espagne ? c'est-à-dire qu'il ne voyait aucun motif de détruire la faction qui désole et opprime l'Espagne !

Tels n'étaient pas les principes de M. Pitt, ni jamais d'aucun tory. M. Pitt, non-seulement est intervenu dans les affaires de France (peut-être un peu tard, et par cette raison Louis XVI a été sacrifié), mais il a fait faire à l'Angleterre des efforts qu'elle n'avait jamais essayés auparavant : vaisseaux, hommes et argent, rien ne lui coûtait pour atteindre le but de sa politique. Il est vrai que M. Pitt, par une convenance innée aux *orcana* de la politique anglaise, encouragea les plans du général Miranda, et le fit aller à Carracas commencer la révolution qui désole aujourd'hui encore l'Amérique espagnole ; mais cette anomalie de son système politique, jamais il n'a eu la faiblesse de l'avouer en plein parlement.

Si M. Canning avait mieux réfléchi sur l'histoire des peuples, et sur celle de son temps, il aurait vu que si l'Espagne réussissait à se révolutionner comme ont réussi les États-Unis, l'Angleterre perdrait avec la péninsule ce qu'elle a perdu avec ces derniers ; que si les révolutionnaires d'Espagne ont accédé aux indemnités demandées par l'Angleterre sur les douze millions en réclamation, ils n'ont fait en cela que céder au besoin du moment et à l'empire des circonstances ; mais qu'une fois le gouvernement fixé et consolidé, et sa marine organisée, il était probable qu'alors la péninsule lui disputerait et revendiquerait non-seulement ces indemnités, mais les gallions pris en 1804 et tout ce que les factieux de 1822 et 1823 lui ont accordé.

Mais n'insultons pas à la prévoyance de M. Canning ; il sait bien qu'une telle organisation, une telle stabilité sont imaginaires, et qu'il s'agit seulement d'amuser et de nourrir l'imagination des factieux d'Espagne, pour mieux remplir les poches des Anglais. Lord Liverpool a été plus franc et plus tory dans son discours du 14 avril ; quoique par esprit de parti il ait déduit les mêmes conséquences que M. Canning, il n'en a pas moins tiré des principes opposés, dont la conclusion était sans équivoque pour l'observateur impartial.

La majorité de la nation espagnole et même les factieux connaissent assez bien la politique anglaise. Ils savent que dans la guerre de la Succession, la

Grande-Bretagne, en se déclarant exempte de tout désir d'agrandissement, eut soin cependant à la paix de se faire céder en Amérique la Baie d'Hudson, l'Ile de Terre-Neuve et la Nouvelle-Écosse; et en Europe, Minorque et Gibraltar; et de plus qu'elle sut détourner à son profit les branches principales du commerce Espagnol par le traité de l'Assiento.

Les révolutionnaires de Portugal ont fait dé-créter par les Cortès en 1822, que les laines manu-facturées dans la Grande-Bretagne devaient payer trente pour cent au lieu de quinze, d'après la lettre du traité de 1810. Ce décret fut communiqué d'abord au ministre Anglais à Lisbonne, et celui-ci l'envoya à son gouvernement; il fit une grande impression à Londres et dans le corps du commerce: car il s'agis-sait d'une différence annuelle de plusieurs millions. Toutefois dès que le bruit d'une invasion contre les révolutionnaires d'Espagne et de Portugal se ré-pandit, ces derniers effrayés de perdre leur proie, firent savoir au gouvernement Anglais par leur chargé d'affaires à Londres, que « l'affaire de trente » pour cent, si long-temps disputée, resterait in *statu* » *quo* et en suspens; en même temps il était chargé » d'ouvrir des négociations afin de savoir quelle » était l'intention du gouvernement Anglais, dans » le cas de l'invasion de l'Espagne; que s'il ne s'y » opposait pas, les révolutionnaires se disant la » nation portugaise étaient décidés à s'unir aux » révolutionnaires d'Espagne; qu'ils appelleraient » un prince étranger et fonderaient une nouvelle dy-

» nastie, c'est-à-dire, Napoléon II (1). » Je le demanderai à M. Canning. N'est-ce pas là une conspiration ouverte contre le repos de l'Europe, contre la paix et les traités que l'Angleterre a ratifiés et fait proclamer ? N'est-ce pas une conjuration formelle contre les dynasties qui règnent en Portugal et en Espagne ?

Les Portugais pourront-ils jamais supposer que les révolutionnaires de Lisbonne en aient imposé au gouvernement anglais ? Et pourtant M. Canning a pris avantage de leur exaltation et de leurs menaces pour entamer avec eux des négociations.

Quels sont les engagemens de l'Angleterre envers le Portugal ? Ne doit-elle pas protéger la dynastie de Bragance, ses droits, et ceux de la nation, et non pas les prétendus droits d'une poignée de bandits qui se disent les régénérateurs du Portugal ? Comment M. Canning sait-il que la voix d'une trentaine de factieux et de scélérats est la voix de la nation portugaise ? Quelle différence M. Canning trouve-t-il dans la prison du roi de Portugal à Quelus, et dans celle de Ferdinand à Valençai ; dans le roi d'Espagne souscrivant à tout ce que Buonaparte lui commandait, et dans le roi de Portugal forcé de sanctionner tout ce que les ministres des factieux lui imposaient ? Je voudrais bien que M. Canning me dît quelle

____

(1) Tel était l'objet des pièces que lord Liverpool a refusé de produire dans le parlement.

ressemblance il trouve dans la constitution anglaise d'aujourd'hui, avec celle de 1688 ? Et pourquoi il ne protège pas la réforme du parlement tant et tant de fois demandée ; pourquoi ne voulant pas commencer la réforme des institutions anglaises, il veut se faire le champion de la démocratie et de la canaille d'Espagne et de Portugal ; pourquoi il appelle radicaux et jacobins les Burdets, les Hobhouses, les Broughams, etc., etc., tandis qu'il prétend voir la nation espagnole et portugaise dans les Arguelles, les Galianes, les Valdes, les Mouras, Ferreiras-Borges, Cavalhos, etc., etc. ? Si M. Canning connaît l'histoire d'Angleterre avant la révolution de 1688 et l'état de la nation anglaise à cette époque, il est sûr qu'il ne connaît pas l'histoire de Portugal et son état de civilisation à l'époque du 24 août 1820. M. Canning devrait savoir pourtant que les réformes salutaires dans le gouvernement doivent toujours être faites par des citoyens honnêtes et vertueux. En Portugal, ce sont des aventuriers et des misérables qui ont aspiré au rôle de législateurs et qui y sont parvenus par usurpation et à force d'attentats. M. Canning devrait savoir que la plupart des députés aux cortès à Lisbonne ont été nommés par les clubs secrets des factieux. Si M. Canning avait consulté l'intérêt et l'honneur de l'Angleterre, aurait-il jamais, comme membre du gouvernement anglais, abandonné un royaume lié depuis plusieurs siècles à la Grande-Bretagne

par les liens du sang et par tant de motifs d'intérêts ? C'est donc par une fausse politique que M.
Canning a protégé une révolution, qui, sœur de la
révolution d'Espagne, devait finir un jour par
unir le Portugal à l'Espagne : un tel résultat serait
aussi contraire aux intérêts de l'Angleterre, qu'au
système de l'Europe. C'est aussi cette même union
qui a été essayée pour détacher les possessions
d'outre-mer de la mère-patrie ! Et qui assure
à M. Canning que l'union une fois accomplie
du Portugal et de l'Espagne, les colonies espa-
gnoles et portugaises ne rentreront pas dans leur
premier état, et ne deviendront pas encore plus
redoutables à l'Angleterre que du temps de Philippe II ? Et même si l'émancipation de l'Amérique
du Sud venait à s'accomplir, croit-on que la Péninsule resterait sous la tutelle de la Grande-Bretagne ; que le Brésil serait toujours disposé à en-
voyer son coton aux manufactures de Manchester ?
On verrait bien plus naturellement la grande anta-
goniste et la plus grande rivale d'Angleterre, les
États-Unis, recueillir plus d'avantages de cette
émancipation. L'Angleterre ne doit pas perdre de
vue que c'est elle qui a le plus profité du *statu quo*
qui a été maintenu en Portugal depuis près de deux
siècles !

Le traité de 1810, entre le Portugal et la Grande-
Bretagne, a été le coup mortel que M. Canning
a porté au Portugal et à ses intérêts. Qui ne sait,

et M. Canning plus que tout autre, que c'est le devoir des ministres anglais de prendre avantage de la faiblesse et de la stupidité des autres nations et de leurs ministres; qui ne sait, et M. Canning plus que tout autre, que les Portugais doivent se plaindre plus encore de leurs négociateurs que des étrangers. Mais n'est-il pas vrai aussi que vu la facilité avec laquelle les rois du Portugal ont toujours souscrit à tout ce qui pouvait être agréable à l'Angleterre, celle-ci aurait dû, par générosité et par reconnaissance, ne jamais abandonner un pays qui, après s'être épuisé pour doubler le cap de Bonne-Espérance, pour découvrir et conquérir l'Asie, non content encore de communiquer aux Anglais la science de la navigation, lui a donné ses premières possessions en Asie et en Afrique, telles que Bombaie et Tanger, et lui a permis en outre d'établir dans toutes ses possessions des factoreries qui ont fini par n'être plus que ses propres comptoirs.

La grandeur du Portugal ne pouvait jamais être nuisible à la Grande - Bretagne; mais, au contraire, son dépérissement ou sa ruine peuvent augmenter la force de ses ennemis, et les rendre plus redoutables à l'Angleterre. L'histoire d'Angleterre et de Portugal le fait bien voir. Si Philippe II n'a pas réussi contre la Grande-Bretagne, il l'a troublée assez long-temps : la flotte dite *invincible* qui sortit de Lisbonne, sous les ordres du duc de Médine-Sidonia, en 1588, effraya les conseils d'Élisabeth, et aurait pu être fatale à l'Angleterre sans l'horrible tempête qui dispersa et anéantit l'armement. Ce fut alors que le gouvernement anglais, ne croyant pas encore être sauvé, arma une puissante flotte, afin de rétablir le prince D. Antonio sur le trône de Portugal. Voudra-t-il recommencer l'épreuve du côté de l'Espagne, pour rétablir une seconde fois la monarchie portugaise?

Qu'importe que le Portugal ait l'exclusif de son commerce dans ses possessions de l'Amérique, quand l'Angleterre indirectement en recueille le fruit. Qu'importe que les Nègres à Minas exploitent l'or et les diamans; que les vaisseaux portugais les conduisent à Lisbonne pour le monnoyer et les tailler, quand les paquebots anglais les apportent à Falmouth tout monnoyé et taillés! Qu'importe que les vaisseaux du Brésil aillent seuls charger à Lisbonne et à Porto les draps et les cotons, quand les Anglais, et seulement eux, les importent dans ces deux villes. Quel plus grand intérêt obtient aujourd'hui l'Angleterre, en faisant aller directement ses vaisseaux conduire les marchandises au Brésil? Autrefois elle avait l'exclusif par l'énormité des droits que payaient les autres nations, et aujourd'hui elle a des concurrens qui importent des marchandises que l'Angleterre ne possède pas, et qui, par la voie des échanges, exportent plus que les Anglais mêmes, eu égard au prix inférieur de la main-d'œuvre en France. Il n'y a pas de doute que la politique de la Grande-Bretagne devrait consister à éviter les exemples d'émancipation : M. Canning sait très bien que la force de l'Angleterre réside aujourd'hui dans ses possessions d'outre-mer, et que si tout ce qui est sous la tutelle de l'Europe s'émancipait, l'Angleterre n'aurait bientôt plus de puissance. A qui l'Angleterre a-t-elle dû ses prodiges de valeur et ses immenses conquêtes en France, dans les xiv et xve. siècles, sinon à la division et aux intrigues des seigneurs de France, aux expéditions et aux conquêtes d'outre-mer, qui affaiblissaient l'Espagne et le Portugal.

Si M. Canning trouve, dans sa profonde politique, que l'émancipation du Brésil, et par conséquent l'union du Portugal à l'Espagne, soient d'un grand intérêt à l'Angleterre, l'Espagne et l'Europe entière peut-être envisageront alors aussi cette union comme une barrière à l'introduction de l'Angleterre dans l'occident de l'Europe ; et ne pourrait-on pas aussi lui refermer la Baltique, pour l'empêcher de s'introduire dans le Nord ? et alors Gibraltar et Malte pourraient revenir plus facilement à leurs anciens maîtres. M. Canning sait très bien que la principale raison de la facilité avec laquelle l'Angleterre s'est emparée de ces deux places si importantes, a été la division des puissances de l'Europe, quand elles se persuadaient que la Grande-Bretagne était l'ange tutélaire de l'équilibre ; per-

suasion qui s'est évanouie aujourd'hui avec le système des émancipations.

La France doit sa grandeur actuelle à l'unité de
la monarchie sous une dynastie légitime, et de plus
aux immenses possessions que l'Angleterre a dans
les différentes parties du globe, ce qui entraîne la
division de ses forces. Renforcez l'Espagne par l'u-
nion politique du Portugal que favorise M. Canning, et vous verrez si ces deux puissances réunies
n'entreprendront pas une autre expédition en Angleterre ; et pourquoi ne réussiraient-elles pas ? Si
l'union du Portugal à l'Espagne allait se réaliser un
jour, M. Canning croit-il qu'il sortirait encore de
Lisbonne, chaque mois, dans les paquebots, plus
de deux millions en numéraire ? Croit-il que le
Portugal donnerait encore extraction à la pêche de
la morue de la Terre-Neuve, qui monte chaque an-
née à plus de trois millions ? Buonaparte, après
1802, recevait du Portugal, comme tribut et à
titre de permission de neutralité, vingt millions
et tant qu'il voulait ; quand il a tout voulu, tout
a été perdu.

Mais enfin si M. Canning prétend pêcher en eaux
troubles, et prendre avantage de la désorganisa-
tion de l'ordre social, pour, une seconde fois, usur-
per l'île de Madère, et peut-être les Açores et quelques portions de la côte d'Afrique, il se trompe :
l'Europe ne regarderait pas avec indifférence et
apathie un pareil brigandage. L'empereur Alexan-

dre a déjà eu la grandeur d'âme, en 1817, de re-
pousser les prétentions de l'Angleterre sur l'émancipation de l'Amérique espagnole, tant ce sage
monarque s'intéresse à l'avancement et aux destinées de l'Europe. Ceux qui encouragent tant l'é-
mancipation et l'industrie de l'Amérique, ne voient-
ils pas qu'ils travaillent à la ruine de l'Europe pour
faire fleurir à sa place une nouvelle partie du globe?
Ces changemens arriveront, sans doute; mais qui
presse tant l'Angleterre? L'ambition et l'avarice:
ce sont ces deux passions qui ont détruit tant d'em-
pires! Qui assure à M. Canning que les possessions
anglaises dans l'Asie ne suivront pas l'exemple de
l'Amérique?

Que veut dire M. Canning, que si la France en-
vahit le Portugal, alors la neutralité sera rompue et
l'Angleterre obligée de se défendre? Quelle invasion
fait aujourd'hui la France en Espagne? La même,
sans doute, que faisait l'Angleterre en 1812, en y
semant toutes ses guinées. Tout homme d'état sait
bien que détruire le système révolutionnaire d'Espagne, c'est détruire celui de Portugal, et peut-
être d'avance. Si M. Canning était sincère et de
bonne foi, il ne profanerait pas le mot protection, en l'accordant à une poignée de factieux et
de misérables. M. Canning devrait savoir qu'à leur
honte et infamie éternelle, les révolutionnaires de
Lisbonne, qui se sont soulevés le 24 août 1820 et
qui n'ont que trop dominé en Portugal, n'ont fait

que ramper comme de vils esclaves devant la fac-
ion de l'île de Léon qui a bouleversé l'Espagne ;
que, tandis que celle-ci a changé vingt fois de ministère, celui des factieux de Lisbonne est resté
toujours le même, et cela, parce que c'était un
aveugle instrument de la grande loge de Madrid.
Ainsi il doit être démontré aux yeux de M. Can-
ing qu'il n'y avait à Lisbonne, dans le gouvernement des cortès, que servitude honteuse au parti
dominant en Espagne. Or, parler de protection envers le Portugal, ce n'est qu'un prétexte pour être
d'intelligence avec les révolutionnaires de la péninsule.

Que veut dire M. Canning, en déclarant qu'il
protégera le Portugal ? Protégera-t-il les plans de
vingt-huit énergumènes et factieux, seulement
parce qu'ils lui ont promis ce qui ne leur appartient
pas ? Quelle protection a trouvé le Portugal dans
l'Angleterre au congrès d'Amiens, en 1802 ? Quelle
protection a donné l'Angleterre au Portugal dans
le congrès de Vienne, et quels efforts a-t-elle fait
pour faire restituer Olivença au Portugal ? Quelle
protection a donné l'Angleterre au Portugal, dans
les conférences de Paris, en 1818, touchant les
réclamations en indemnité dues à la nation portugaise ?

M. Canning a une manière de protéger qui res-
semble à celle qu'avait Buonaparte ; il veut protéger comme en 1807 il a protégé le roi de Portu-

gal, en lui enlevant l'île de Madère, quand il s'em-
barqua pour le Brésil, escorté par une flotte anglaise! Et quand M. Canning sympathise-t-il avec
les Portugais? quand leur roi est en prison et sans
pouvoir! C'est alors que M. Canning proteste contre toute intervention dans les affaires du Portugal!

Nous demanderons à M. Canning si ce n'est pas
intervenir que de vouloir acheter ou brûler les manufactures de Portugal? que d'exiger satisfaction
du gouvernement portugais, pour avoir fait insé-
rer dans la gazette de Lisbonne le manifeste de la
déclaration de guerre de l'Espagne contre l'Angleterre? que d'exiger du gouvernement portugais de
permettre, dans les rues de Lisbonne, une pro-
cession de francs-maçons, comme pour insulter
et braver les préjugés et les mœurs de la nation
portugaise au point de se faire poursuivre par la
populace, à coups de pierres.

Nous demanderons à M. Canning si ce n'est pas
intervenir que d'écrire, de la part du roi d'Angleterre, que Sa Majesté ne serait pas satisfaite de voir
dans le département des affaires étrangères M. d'A...,
mais qu'elle voudrait y voir M. de S...? que d'ex-
pédier un vaisseau de guerre à Rio de Janeiro, sans
qu'il eût été demandé, pour faire conduire le Roi
à Lisbonne?

N'est-ce pas là intervenir dans les affaires inté-

rieures d'un gouvernement (1)? Comment se per-
suader que, lorsque le gouvernement anglais envoie
un vaisseau de guerre à Rio-Janeiro pour amener
le roi de Portugal à Lisbonne, il ait encore l'intention de suivre les principes des traités d'Utrecht
et d'Aix-la-Chapelle, et de se montrer l'arbitre de
l'équilibre de l'Europe, surtout si à cette même
époque on le voit encourager l'expédition du cheva-
lier Mac Grégor contre l'Amérique espagnole; et
au retour du roi de Portugal en Europe, protéger l'émancipation du Brésil, par conséquent
favoriser l'union du Portugal à l'Espagne.

Parce que l'Espagne a perdu de fait ses possessions d'outre-mer, s'ensuit-il qu'elle les ait perdues
de droit ? et, dans tous les cas, quel droit a l'Angleterre de vouloir indemniser l'Espagne, de la
perte de ses possessions au détriment du Portugal ?
Pourquoi M. Canning dit-il à des écoliers que la
Grande-Bretagne garantira l'indépendance du Portugal? Ce sont là des mots vides de sens. Ne sait-il
pas que le Portugal était et pouvait rester indépen-
dant quand l'Espagne se trouvait partagée entre six

---

(1) Lord Liverpool, dans la Chambre des Pairs, a confessé
que Sir Henry Wellesley, ambassadeur d'Angleterre à Madrid,
avait conseillé au roi Ferdinand d'accepter la constitution de
Cadiz. Et, d'après la logique de la Grande-Bretagne, M. Canning n'appellera pas cette démarche intervenir dans les affaires
d'un autre pays?

ou huit rois, et même après l'union de toute la monarchie, sous Ferdinand et Isabelle, quand sa force s'é-
tendait aux possessions des Pays-Bas et en Italie, et
qu'elle était en outre divisée par ses expéditions d'outre-mer. Tant de possessions ainsi morcelées don-
naient à l'Angleterre le pouvoir de garantir, avec sa
prépondérance maritime, l'indépendance du Portugal, ou pour mieux dire l'indépendance de
sa factorerie. Mais quand l'Espagne, après avoir
perdu les Pays-Bas et ses possessions d'Italie, va
perdre, d'accord avec l'Angleterre, ses possessions d'outre-mer, et sera réduite à n'être plus
qu'une puissance continentale et concentrée, comment l'Angleterre pourra-t-elle empêcher l'envahis-
sement du Portugal ? M. Canning se persuade-t-il
que les gouvernemens de l'Europe seront dupes de
ses harangues vaporeuses ? Pourquoi veut-il encore
séduire avec des mots, quand ce n'est qu'avec ses
guinées que l'Angleterre a réussi dans ses vastes
projets ?

Si les hommes d'état d'Angleterre ne veulent pas
admettre le principe que ce sont les rois seuls qui
ont le droit de donner des institutions aux peuples, je ne crois pas, et M. Canning ne peut me le
contester, qu'aucun Anglais ayant le sens com-
mun puisse jamais croire qu'une poignée de factieux ait le droit de bouleverser les gouvernemens
et les institutions sanctionnés par l'habitude des
siècles, pour donner à leur fantaisie des codes aux

rois et aux peuples. Le détrônement de Jacques II
et la convocation du parlement par l'usurpateur,
prince d'Orange, ne peuvent être présentés comme
un modèle du droit des gens.

Les empereurs de Russie et d'Autriche et le roi
de Prusse ont reconnu les cortès de Cadix, parce
qu'en politique et dans les crises il n'y a pas de rè-
gles fixes et invariables. Il avait d'ailleurs fallu
se servir de l'esprit révolutionnaire pour étouffer
et détruire l'esprit d'usurpation de Buonaparte.
L'Angleterre, dans l'héphémère paix d'Amiens,
n'a-t-elle pas admis des absurdités que dans sa politique suivie elle réprouve toujours. Ici il était
indispensable aux souverains de gagner du temps.
Le roi d'Espagne se trouvant emprisonné, il fallait
le délivrer, n'importe par quels moyens, et une
fois délivré, on aurait changé de politique. De
quel droit des officiers nommés par le roi pour une
expédition d'outre-mer se sont-ils soulevés et ont-ils
fait soulever les soldats pour imposer des lois à leur
souverain légitime ? M. Canning, après avoir blâmé
l'intervention de la France, et avancé de funestes
pronostics, finit cependant par recommander la
neutralité. Tout le monde sait ce que veut dire pa-
tience par force, c'est le cas de M. Canning.

Dans ses instructions au duc de Wellington,
M. Canning a dit que « le gouvernement anglais
regarderait l'intervention de la France comme répréhensible en principes et impraticable dans l'exé-

cution. » Le répréhensible en principes s'est déjà
fait connaître, c'est-à-dire que M. Canning voudrait voir encore la France réduite à l'état d'im-
puissance où elle était en 1791 , pour aviser s'il ne
pourrait pas avoir une autre île de Malte et une
autre île de France, etc. L'impraticable en exécu-
tion s'est déjà fait connaître aussi après l'apparition
de l'armée française sur la Bidassoa, sur l'Ebre, sur
le Mançanarez, sur le Guadalquivir, et enfin devant Cadix. Espérons que bientôt l'Europe verra
comment les pronostics de M. Canning sont imaginaires.

Entre les absurdités et les fautes de logique dont
fourmille le discours prononcé le 14 avril par M.
Canning, dans la chambre des communes, remar-
quons le rapport qu'il a voulu trouver entre la conduite de la France révolutionnaire envers la Savoie
et Avignon , et la conduite de la France d'aujour-
d'hui, qui veut empêcher qu'on ne voie renaître
une autre France de ce temps-là. M. Canning dit
que « si toute l'Europe s'est réunie contre la France,
ce n'est point parce qu'elle désirait corriger ses ins-
tutions imparfaites, mais parce qu'elle voulait propager ses pernicieuses doctrines, etc. ; et que si quelque
personne avait droit de donner à l'Espagne une pareille leçon, c'était moins la France que tout autre. » Voilà les formes anciennes de logique usitées
dans la Grande-Bretagne, que M. Canning n'a pas
pu trouver dans les expressions de M. de Château-

briant, *toutes françaises et toutes européennes*, et suivies par lui, comme si la manière la plus énergique de propager des principes n'était pas l'exemple. Comment se sont déclarés Naples, le Piémont et le Portugal dans moins de quatre mois ?

M. Canning n'aurait pas dû oublier la proclamation de Georges III, en 1793, dans laquelle ce prince disait : « Depuis plusieurs mois des émissaires jaco-
» bins, cachés dans la Grande-Bretagne, emploient
» des moyens obscurs pour renverser la constitu-
» tion britannique. J'ai arrêté les déplorables effets
» de leurs entreprises sans me mêler de la guerre
» entre la France et plusieurs puissances du conti-
» nent ; la marche des événemens me force aujour-
» d'hui de tenir une autre conduite ; je me vois
» obligé de prendre des mesures hostiles. »
Après tant d'attentats et de conspirations tramés depuis trois ans dans Paris et au-dehors, qu'avait de mieux à faire le roi de France, que de tenir le même langage et de prendre les mêmes mesures ? Il est vrai que la politique tortueuse et ambiguë du ministère anglais a encore paralysé les intentions du roi d'Angleterre. M. Canning sait très bien ce qu'a dit M. Burke dans la chambre des communes, qu'il « apercevait le trône de la Grande-Bretagne
» ébranlé par des mains séditieuses, sur le point de
» s'écrouler au sein d'une absorbante anarchie. »
Il finissait en ces termes : « Il n'est pas question de
» voter une adresse au roi pour arrêter les projets

» des jacobins, mais de savoir s'il y aura encore des
» trônes dans le monde. » La coalition contre la
France ayant été formée, l'Angleterre n'y prit d'a-
bord aucune part, en conséquence des manœuvres
et des intrigues de Dumouriez avec le cabinet de
St.-James. Si le gouvernement anglais avait eu de
la bonne foi, s'il avait voulu sauver Louis XVI et
la monarchie française, il aurait menacé la faction
dominante et déclaré plus tôt la guerre; ce qu'il a été
obligé de faire, mais trop tard. Dieu pardonnera-
t-il à ceux qui pouvant empêcher deux grands crimes, l'assassinat de Louis XVI et les massacres de
Saint-Domingue, les ont encouragés au contraire.
Si les jours de Ferdinand VII et de la famille
royale sont en danger, c'est à la politique tortueuse
de la grande-Bretagne qu'on le doit.

M. Canning ignore-t-il que si les conspirations
contre George III, si les coups de poignard et de
pistolets qui lui ont été portés n'ont pas été com-
mandés directement par les jacobins de Paris, ils
n'en ont pas moins été le résultat de la rage révolutionnaire, qui se propage comme la peste. Malgré
toutes les considérations de convenance de la part
du gouvernement anglais, qui le portèrent à con-
sentir de laisser encore à Londres M. de Chauvelin
comme ministre de France, au moment même où
Louis XVI et la famille royale étaient déjà prison-
niers au Temple, le roi de France en a-t-il été moins
conduit à l'échafaud? Etait-il nécessaire de laisser

accomplir un pareil attentat, pour se résoudre à faire sortir de Londres, en vingt-quatre heures, le ministre français? Ainsi jusqu'à l'attentat du 21 janvier, le gouvernement anglais s'était imaginé que les jacobins de France n'avaient eu en vue que de corriger des institutions imparfaites, comme le pense encore aujourd'hui M. Canning à l'égard des machinations des factieux de l'île de Léon. Mais ce qui aurait dû ouvrir les yeux à M. Canning et humilier sa fierté nationale, c'est que ce ne fut pas le gouvernement anglais qui, le premier, déclara la guerre, mais le gouvernement français, par son manifeste du 1er. février 1793.

Les pages de l'histoire sont déjà remplies d'assertions peut-être malveillantes; elles disent que le principal agent du procès de Louis XVI a été le Cabinet de Saint-James, de même que des massacres de Lyon et de Marseille! Et que ne dirait-elle pas si Ferdinand et la famille royale éprouvaient le même sort? Si l'Angleterre avait fait partie de la coalition contre la France en 1791, peut-être de si grands crimes n'auraient pas été consommés. M. Pitt pouvait avoir quelque excuse; peut-être qu'avec toute sa prévoyance il n'a point aperçu dans sa neutralité de 1791 et 1792, le parricide de 1793; mais M. Canning, qui a vu se vérifier les pronostics de Burke, qui a vu le résultat de la politique tortueuse de son cabinet, où peut-il trouver d'excuse en répétant précisément les mêmes fautes, en dressant les mêmes piéges que MM. Pitt et Fox, ont tendus aux réformateurs français, en discutant dans le parlement Britanique la question de l'abolition de la traite des Noirs? MM. Canning et Brougham les tendent aujourd'hui aux réformateurs espagnols en discutant le droit d'intervention.

Dans la dépêche de M. de Châteaubriant du 23 janvier à M. Canning, on lit : « Le soussigné croit cependant avoir des motifs de ne pas douter que dans un mémoire rédigé par le cabinet de Londres, en réponse à une dépêche de la cour de Russie, et communiqué le 17 mai 1820 par Sir Charles Stuart au ministre des affaires étrangères de France, se trouvait énoncée l'opinion qu'on aurait le droit de se mêler des affaires d'Espagne; 1°. si l'exaltation de ceux qui dirigent les affaires les portait à une agression contre une autre puissance; 2°. si l'Espagne cherchait à s'emparer du Portugal, ou à opérer une réunion des deux états, etc. « Quant à la première supposition M. de Châteaubriant a répondu assez clairement dans la note du 23 de janvier; quant à la deuxième, M. Canning me permettra de lui dire qu'il a dû trouver dans les papiers de son prédécesseur le marquis de Londonderry la preuve, c'est-à-dire le plan des révolutionnaires de Lisbonne, d'unir le Portugal à l'Espagne. M. Canning le sait, comme il sait aussi les engagemens qui ont été pris de part et d'autre, engagemens dont le profit devait être pour l'Angleterre, vu que les quinze pour cent auraient été continués au lieu de trente; le Portugal aurait ensuite subi son sort quand le temps serait arrivé.

Je sais que pour un homme d'état il est pénible de voir non-seulement échouer son plan, mais ce qui est pire encore de perdre beaucoup dans l'opinion publique, et de voir par sa faute son rival prendre à ses propres dépens un grand essor dans la politique du monde.

Sans l'étourderie et la précipitation de Buonaparte, sans la déroute de Leipsick, sans le désastre de Waterloo, l'Angleterre aurait payé bien cher sa politique tortueuse. M. Canning sait très-bien l'état pitoyable dans lequel se trouvait la Grande-Bretagne en 1811 et 1812 : elle a été sauvée par la faute des autres, et nullement par la prévoyance de son cabinet.

Dans l'état où se trouvait la France après les deux invasions et les deux occupations de sa capitale; au milieu des germes de mécontentement et de troubles que développaient les factieux, elle n'avait pas d'autre alternative pour se délivrer de cette espèce d'anarchie et pour reprendre sa place dans les affaires de l'Europe, que d'essayer de renverser les révolutionnaires d'Espagne, ce qui ne pouvait manquer de décourager ceux de France. Cette tentative a été trop long-temps méditée pour ne pas réussir. Les Bourbons après leur retour en France, n'ont jamais eu une plus belle occasion de s'affermir sur le trône de Henri IV. Cette grande épreuve a fait voir que c'était l'opinion générale des Français, tout autant et peut-être encore plus que la force armée qui soutient la légitimité, puisque la France ayant dans son intérieur cent cinquante mille soldats de moins, les factieux ne peuvent rien entreprendre contre elle. D'un autre côté son armée se montre aussi brave que loyale et incorruptible, traversant la Bidassoa avec une résolution qui a fait évanouir tous les mauvais présages.

M. Canning confesse, en exhalant ses plaintes, » qu'à l'époque où le ministre anglais au congrès de » Vérone fut nommé, il ne savait pas, il ne pouvait ». pas même prévoir qu'on y agiterait la question de » la guerre avec l'Espagne. »

Quel hommage rendu à sa perspicacité ! Non-seulement la prévoyance est le premier devoir de la diplomatie, mais encore l'Angleterre est impardonnable d'y être en défaut, car elle paye assez bien pour savoir tout ce qui se passe. D'ailleurs, quel est l'homme d'état, l'écolier même qui n'aurait pas vu dans le cordon sanitaire une armée d'observation, et dans l'armée d'observation une détermination à réagir contre les révolutionnaires d'Espagne ? M. Canning confesse de plus qu'il a été trompé par le ministère français. En effet quand il a vu « la re- » traite du duc de Montmorenci, il a cru que ce » ministre ne quittait ses collègues que parce que » ceux-ci passaient de la guerre à la paix ; mais c'est

» ce qui n'existait pas. » Sans doute c'est faire l'éloge du gouvernement français, puisque M. Canning mieux que personne sait qu'en politique la bonne foi est un être métaphysique, et peut-être personne n'aura fait l'épreuve de cette vérité sous un plus rigoureux exemple : il suffit de rappeler les affaires de Madère en 1807, et de la feue reine Caroline de Brunswick.

Je finirai en disant que lorsque M. Canning a été envoyé à Lisbonne comme un honorable exilé, il y a été reçu d'une manière assez extraordinaire et même originale dans l'histoire de Portugal et des peuples civilisés. On a vu le gouvernement de Portugal, par l'influence d'un de ses membres, frère de celui qui avec M. Canning, avait disposé des intérêts et des destinées du Portugal et du Brésil, au moyen du traité de 1810 *de malheureuse mémoire;* on a vu le gouvernement donner à M. Canning pour résidence le palais royal des Neusidades, palais qui n'avait jamais été donné qu'aux princes du sang royal; palais enfin où avait été logé le prince Auguste, frère du roi d'Angleterre. Cet exemple montre assez l'état apathique de la nation pour ne pas dire humiliant, car si elle eût connu ses droits et sa dignité, elle n'aurait jamais consenti à une telle concession en faveur de celui qui l'avait le plus humiliée; et certainement je peux assurer M. Canning, que s'il eût été à Lisbonne comme ex-ministre dans le temps de la soi-disant régénération du Portugal,

les régénérateurs ne lui auraient pas donné un palais royal pour sa demeure. Quand M. Canning y a
résidé, il a pu voir que ceux qui l'environnaient
étaient des moines qui vivaient dans un édifice faisant partie de ce palais; et si M. Canning avait su la
langue portugaise, il aurait vu et connu l'état de la
nation portugaise bien différent de celui où elle est
aujourd'hui, car le peuple de Lisbonne disait quand
M. Canning se montrait à la fenêtre, que c'était
un hérétique, et s'étonnait qu'on lui eût donné le
palais de Neusidades, institué sous les auspices de
la religion et de la piété. Voilà quel était le langage
d'un peuple que M. Canning veut bien aujourd'hui
qualifier de savant pour ses intérêts, mais qu'après
la bataille de Vimeiro, on appelait bigot pour
mieux défendre la scandaleuse convention de Cin-
tra.

www.ingramcontent.com/pod-product-compliance
Lightning Source LLC
Chambersburg PA
CBHW051332060726

47596CB00004B/1582